Ricky Roogle
Das sinnlose Buch

- absurd lustige Witze und Rätsel

Zur Entstehungsgeschichte dieses Buches

Bibliografische Information der Deutschen Nationalbibliothek:
Die Deutsche Nationalbibliothek verzeichnet diese Publikation in der Deutschen Nationalbibliografie; detaillierte bibliografische Daten sind im Internet über http://dnb.dnb.de abrufbar.

© 2022 Ricky Roogle; 1. Auflage
Covergrafik, Texte & Illustrationen © 2022 Ricky Roogle
Kontakt Autor: ricky.roogle@t-online.de
Herstellung und Verlag: BoD – Books on Demand, Norderstedt
ISBN: 9783756221875

Testbild

Das Eleme  Erstaunens!

Oh!

330

Was ist das?

Lösung: Kaputter Spiegel

Schaf

Schafblick

Ein Rudel Waschbecken verfolgt von Stöpseln.

Das sinnlose Rätsel

Frodo lädt sieben seiner Zwergfreunde zu einer Gartenparty bei sich ein. Er hat sieben prächtige Äpfel gepflückt und die sieben Zwerge sollen sich die Äpfel so aufteilen, dass jeder einen Apfel bekommt. Allerdings soll ein Apfel im Apfelkorb bleiben. Wie ist das zu bewerkstelligen?

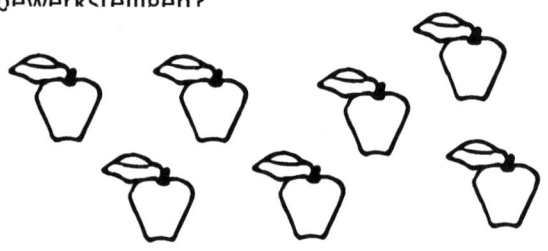

Lösung: Ein Zwerg bekommt seinen Apfel im Apfelkorb überreicht.

Zeitreisender:

„..und in der Zukunft werden wir alle von diesen tödlichen Androiden beherrscht. Welche Maschinen nutzt ihr in dieser Zeit?"

Ich:

„Also, ich fahre zum Beispiel einen Tesla."

Zeitreisender:

Abituraufgabe
Finde den Fehler

$$E = mc^2$$

Aliens die Sinnloses tun

Auf einem weit, weit entfernten Planeten steht ein Alienwesen auf einer riesenhohen Brücke und sagt: „Einundzwanzig, einundzwanzig, einundzwanzig…". Kommt ein anderes Alienwesen vorbei und fragt: „Was machst du denn hier?"

Da schubst ihn das erste Alienwesen plötzlich von der Brücke und sagt: „Zweiundzwanzig, zweiundzwanzig, zweiundzwanzig…"

Das Urpixel

Rette das Schaf

Eingang

Pause

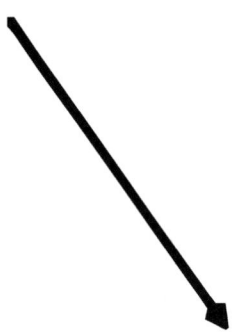

Stelle mit versteckter Botschaft
(zum Lesen bitte weiße Farbe wegrubbeln)

Doch als dieser sich umdreht,
fallen sie vor Schreck um.

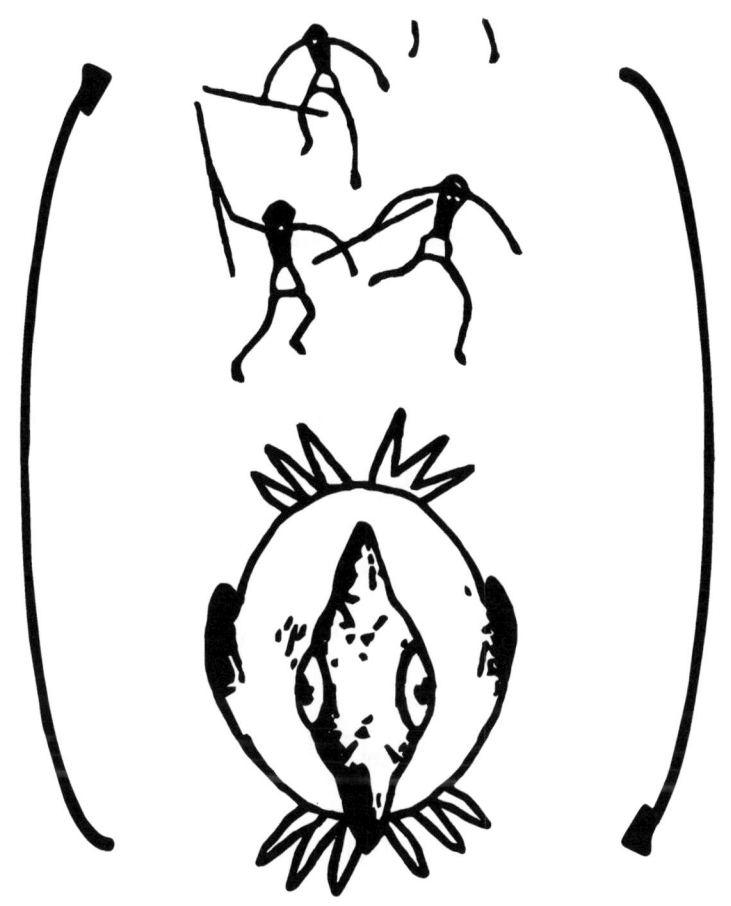

Die Eingeborenen jagen einen riesigen
Waldvogel.

Was ist das?

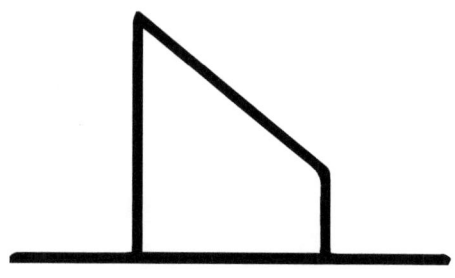

Schaf

Schafsinn

Der Spannungsbogen eines guten Buches...

Der Spannungsbogen dieses Buches...

Gefangen im Gully

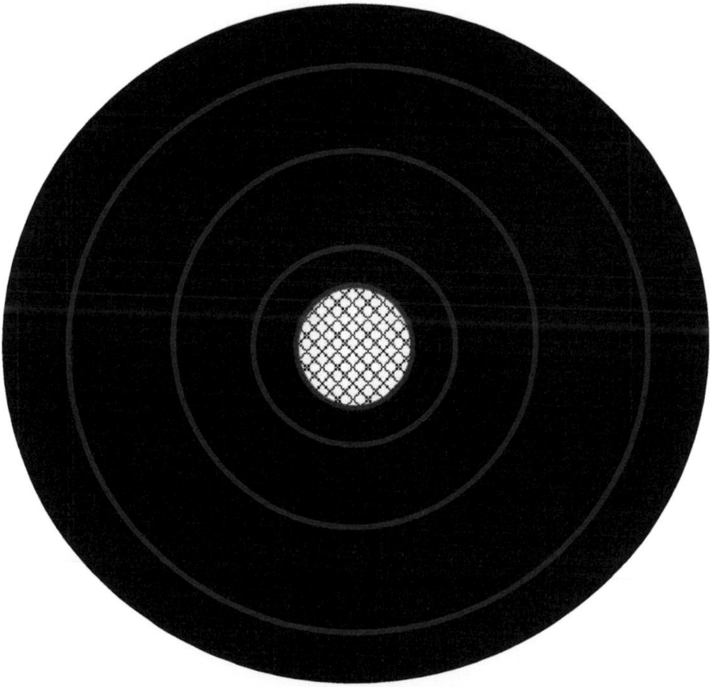

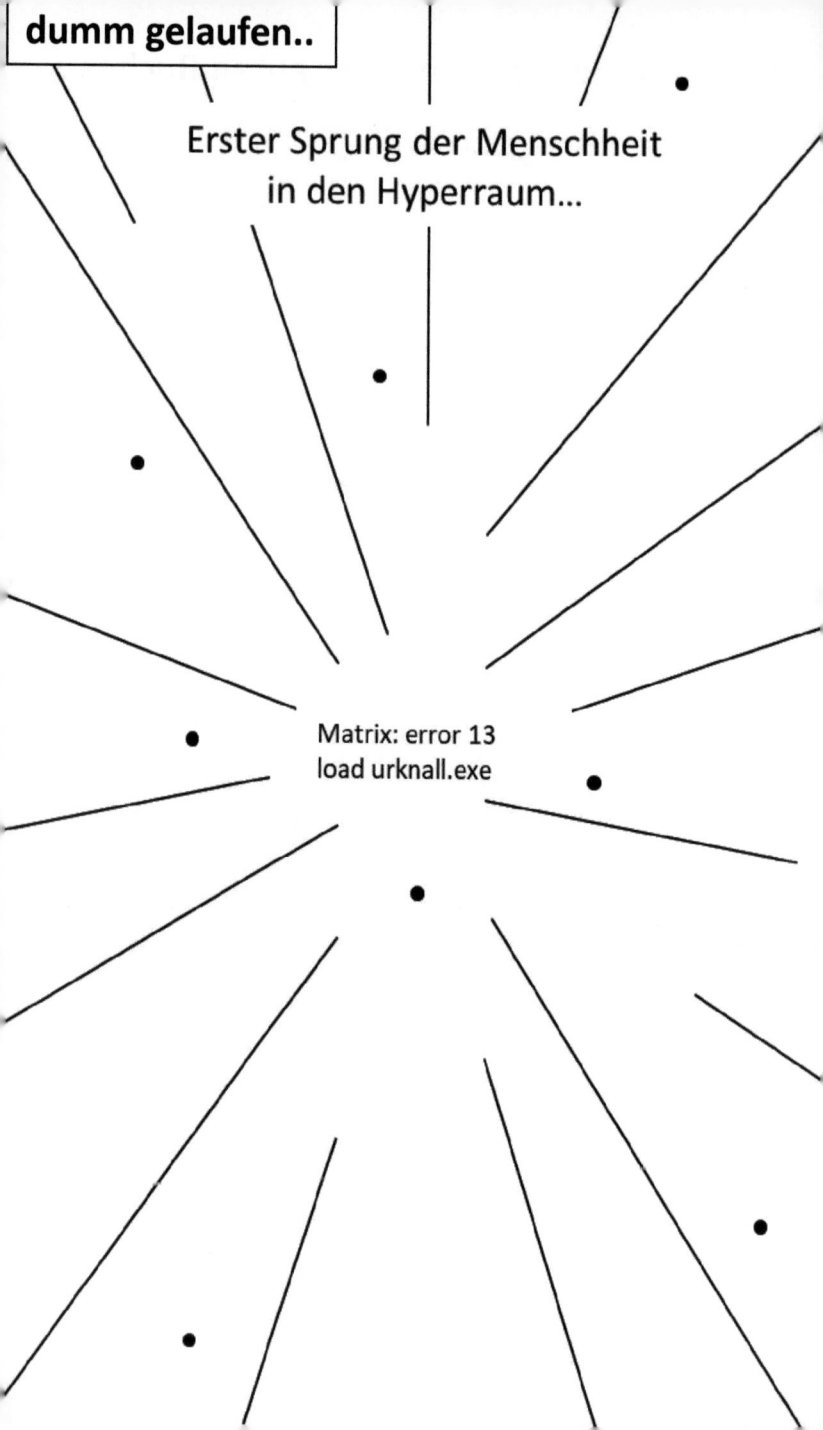

Das Rätsel, das keiner braucht

Du bist froh, denn deine Hühnerzucht zahlt sich aus. Jeden Morgen kommst du mit einem kleinen Körbchen voll frisch gelegter Eier aus dem Stall. Jetzt müssen die Eier noch gekocht werden, bevor du sie essen kannst. Du brauchst vier Minuten, um vier Eier zu kochen. Um zehn Eier zu kochen, brauchst du wie viele Minuten?

Lösung: Natürlich brauchst du wieder vier Minuten!

Mona Lisa Gemälde von hinten

Was ist das?

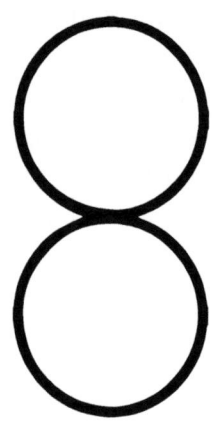

Dave sprach so lange mit seiner Hand, bis diese aufgab.

Sie haben 1 neue Nachricht

Zum Abspielen bitte Knopf drücken

Farbmuster für Weiß

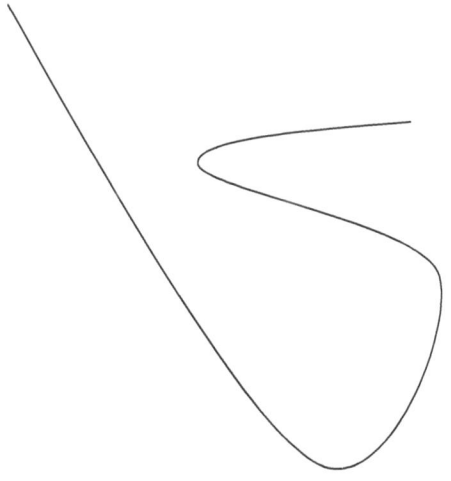

Bitte das Haar auf dem Muster ignorieren

Zebra hinter Gittern

Das schlechteste Rätsel der Welt

Stell dir vor, du bist gestorben und kommst in den Himmel. Dort begrüßt du Eva und Adam mit ihren Namen. Beide sind verdutzt und fragen:

„Woher wusstest du denn, dass wir Adam und Eva sind?"

Woran hättest du das erkennen können?

Lösung: Ganz einfach, Adam und Eva sind die Einzigen im Himmel ohne Bauchnabel!

Eine an Riesenwuchs erkrankte Note

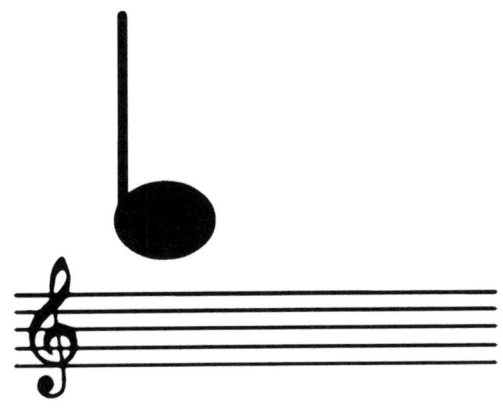

Das Tier, das nur mit einem Buchstaben geschrieben wird...

Die Q.

Warum fiel das Bild auf den Boden?

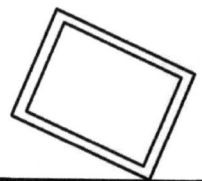

„Du wurdest soeben geblitzdingst."

„Endlich, ich sehe Licht am Ende des Tunnels..."

To be continued

„WTF?"

Neulich in der Imperatorenschule

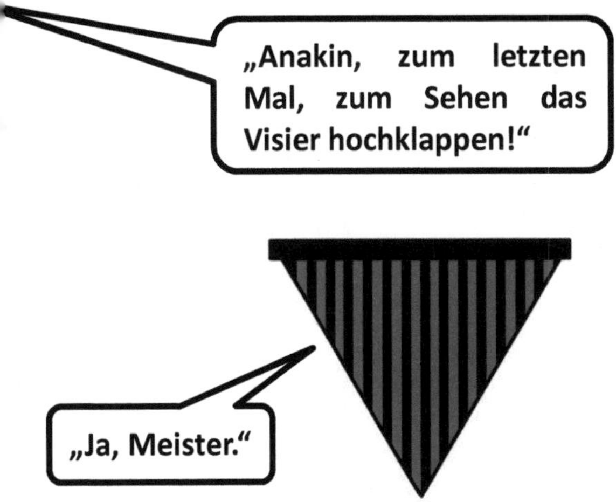

„Anakin, zum letzten Mal, zum Sehen das Visier hochklappen!"

„Ja, Meister."

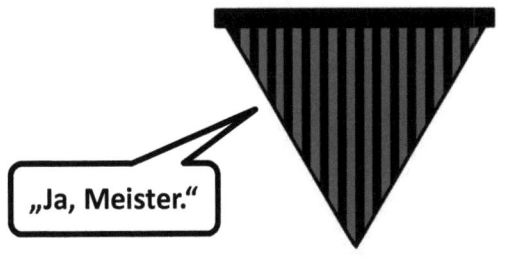

Guten Tag. Hier spricht ihr Kapitän, ich arbeite heute aus dem Home Office.

Was ist das?

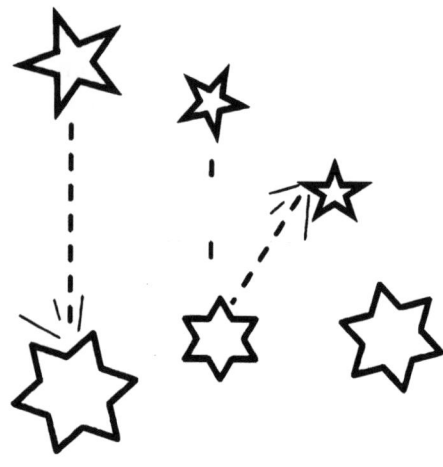

Lösung: Krieg der Sterne

Neulich beim Zahnarzt

AUFGABE
Finde den Punkt

•

Lösung: Brille kaufen

Schaf

Unschaf

Miau Miau! Miau Miau!
Antwortet die Katze vom Nachbarn.

Wau Wau! Wau Wau!
Warum ist Bello so aufgeregt?

Geheimnisse des Universums

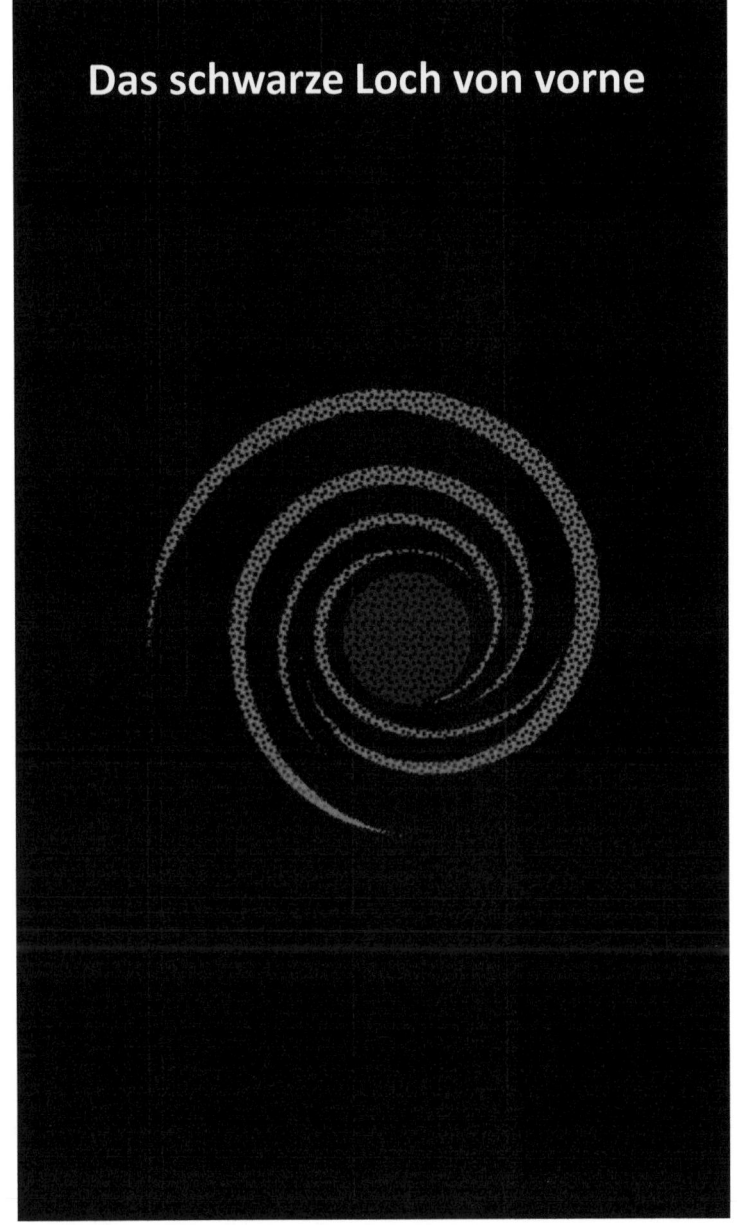

Das schwarze Loch von vorne

Das schwarze Loch von hinten

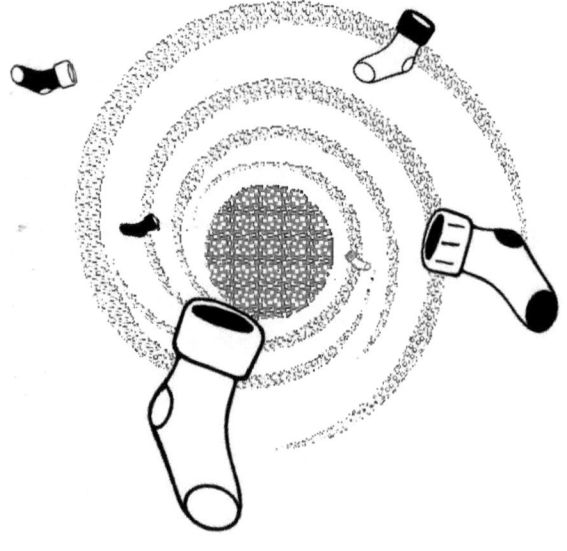

Dr. Jekell und Mr. Hyde
- wie es wirklich war -

Dummerweise konnte sich Dr. Jekell als Mr. Hyde an keinen Rückwandlungstrunk erinnern und so verblieb er in dieser unglücklichen Gestalt. Mr. Hyde starb 20 Jahre später im Käfig eines Wanderzirkus'.

Der Tag, als Ron Weasley im Bermuda Dreieck verschwand.

„Harry! Hier landen also all die Dinge, die du weggezaubert hast!"

Schaf

Sehr Schaf

Das nutzlose Rätsel

Ein Mann geht auf einen Friedhof und macht halt vor einem Grab. Auf dem Grabstein steht sein Name, sein Geburts- und Sterbedatum.

Wie ist das möglich?

Lösung: Der Mann ist ein Gangster und wird weltweit gesucht und verfolgt. Um seine Verfolger in die Irre zu führen, hat er seinen Tod vorgetäuscht. So denken die Verfolger, er sei tot und verfolgen ihn nicht weiter.

Neulich beim Pfandleiher

„Gib mir meinen Schschaaaatz!!!"

„Geht nicht Gollum, Frodo war gerade da und hat ihn ausgelöst!"

Das dümmste Rätsel der Welt

Stell dir vor, du kommst an einer Kuh vorbei und stirbst.

Was ist passiert?

Lösung: Du bist von einem Abhang gefallen. Beim Flug nach unten kamst du an einem Vorsprung vorbei, auf dem eine Kuh stand. Dann fällst du weiter nach unten in den reißenden Fluss und stirbst durch Ertrinken.

Auch in der Religion hält die Digitalisierung ihren Einzug

Und das elfte Gebot lautet:
Du sollst dein Smartphone ehren!

Was ist das?

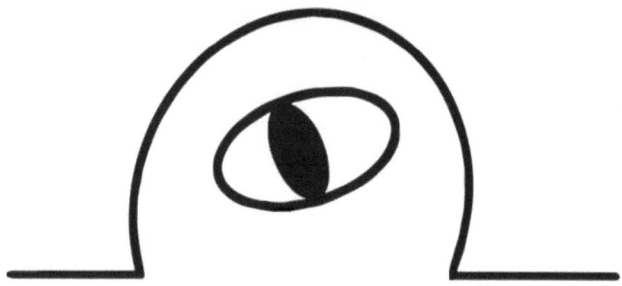

Lösung: Tom schaut durch das Mauseloch von Jerry

Unterm Strich ist alles besser!

Boah! Ist das mega hier! Toll, toll, toll!

Unnötiges Matherätsel zum Geburtstag

Du hast Geburtstag. Einer deiner Gäste wettet mit dir, dass er den Geburtstagskuchen mit nur 4 geraden Schnitten in 11 Stücke schneiden kann.
Ist das möglich?

Lösung: Ja.

Das fehlende Puzzleteil

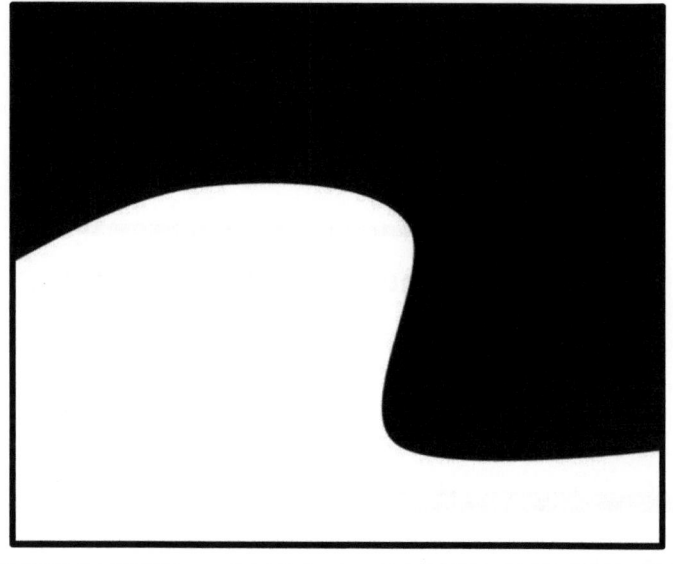

Nichts

„Wie würdest du unser Sonnensystem bewerten?"

„Ein Stern."

Neulich beim Psychiater

Weltweit führender Mikrobiologe

Schaf

Haarschaf

Was ist das?

Wie schlau bist du?

500 Euro

Automat akzeptiert
Karte oder Schein

TESTOMAT FANTASTISCH

Das zweckfreie Rätsel

Andreas und Andrea sind stolze Besitzer von Diamanten. Andreas sagt zu Andrea:

„Wenn du mir einen deiner Diamanten gibst, haben wir beide die gleiche Anzahl."

Daraufhin antwortet Andrea:

„Wenn du mir einen Diamanten gibst, würde ich die doppelte Anzahl an Diamanten haben wie du."

Wie viele Diamanten haben jeweils Andreas und Andrea?

Lösung: Andreas hat 5 und Andrea hat 7 Diamanten.

Oh, das ist kein gutes Zeichen

Der Mensch soll über die Fische, Vögel und anderen Tiere der Erde herrschen!

...und social media über den Menschen.

Ein besonders altes Foto von mir

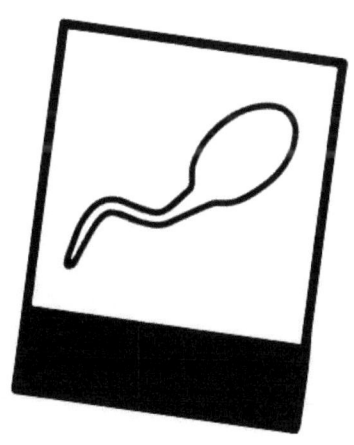

Bitte dieses Rätsel nicht beachten. Es ist zu schlecht.

James Bond muss fliehen. Die rettende Brücke führt über einen Fluss mit brodelnd heißer Lava. James springt von dieser Brücke und überlebt.

Wie ist dies möglich?

Lösung: James stand am Ende der Brücke und ist von dort auf das Ufer der anderen Seite gesprungen.

„Mit dem Alter habe ich kein Problem."

„Und wie alt bist du?"

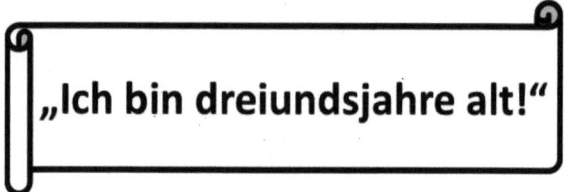

„Ich bin dreiundsjahre alt!"

FAQs für die Zombie Apokalypse

Frage: Was antwortet der Zombie, wenn man ihn nach dem Weg fragt?

Antwort: Immer der Nase nach (wirft die Nase).

-

Frage: Was tut ein Zombie, wenn er verliebt ist?

Antwort: - die Finger auszupfend - Sie liebt mich, sie liebt mich nicht...

-

Frage: Wie nennen Zombies Skelette?

Antwort: Leergut.

-

Zwei Zombies treffen sich um Mitternacht auf dem Friedhof. Sagt der eine:

„So, du machst also auch Inventur?"

-

Stehen zwei Zombies auf der Mauer, der eine fällt runter, der andere ist auch tot.

-

Die letzten Worte des Arztes der einen Zombie behandelte: „Sag Ahhhhhhh..."

Ein Vater Sohn Gespräch

Katzenmusik? Mag ich. Insbesondere meine Katze kann sehr gut Klavier spielen.

Archivfoto

Das Rätsel mit absurder Lösung

Du hast folgende Gleichung:

$$5 + 5 + 5 = 550$$

Wie kannst du die Gleichung mit nur einem Strich richtig stellen?

Lösung: Indem du das erste Pluszeichen in eine vier abänderst. $5 \; 4 \; 5 + 5 = 550$

Normale Verteilung

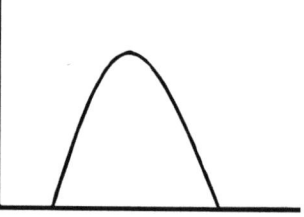

Paranormale Verteilung

Und Moses sprach:
„Ich habe komische Flecken auf der Haut.",
und das Meer so:

Neulich im Rechenzentrum

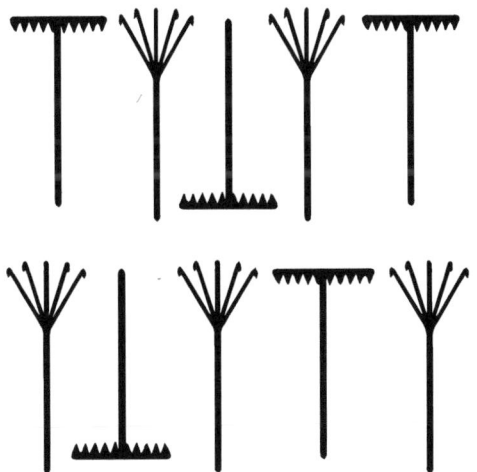

Diese Seite schonend behandeln!

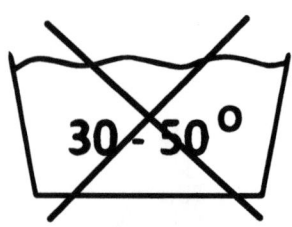

Nicht waschen oder schleudern!

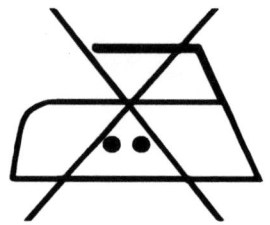

Falten und nicht bügeln!

Reagiert saugend auf Weichspüler!

Es gibt ihn wirklich.
Den Katzen Weihnachtsmann!

Seltenes Archivfoto

Das zweitdümmste Rätsel der Welt

Paul ist nicht mehr am Leben. Er wollte gerade etwas essen (Käse), als er erschlagen wurde (von einem Stück Metall).

Was war passiert?

Lösung: Paul ist der Name einer Maus. Bei der Suche nach einem Stückchen Käse, fiel diese einer Mäusefalle zum Opfer.

Schaf

Messerschaf

Was ist das?

Lösung: Ein Springuin

Du befindest dich in einem Linienflugzeug, bist Passagier mit Sitz am Fenster.
Plötzlich hörst du, wie etwas an der Scheibe klopft.
Du drehst deinen Kopf zum Fenster und blickst in das Gesicht einer Ente.
Durch die Scheibe hörst du, wie die Ente zu dir sagt:

Konnte nicht shoppen gehen.

Zack! Ausgestorben!

Neulich im Märchenwald

Schaf

Schafschütze

Wenn dumme Witze ihre Pointe verfehlen

Was ist das?

Jerome kann nicht verstehen, was alle so toll am Abhängen finden.

Neulich in der Südsee

Schaf

Schafkantig

Geschwisterdialog

Heute

Ok, ich bin offiziell be 👻 ert!

15:15 ✓✓

Lern erstmal behindert richtig zu schreiben!

15:17 ✓✓

Schreib eine Nachricht

Die Geschichte ohne Ende

Goldene Nebelschwaden waberten um die Baumkronen der alten Baumriesen, als die gerade aufgehende Sonne mit ihren orangefarbenen Strahlen den Wald zum Leben erweckte. Der Morgen war von angenehmer Frische. Elfin stand auf einer Anhöhe und ließ ihren Blick suchend über die Landschaft schweifen. „Wo ist er nur wieder?", murmelte sie vor sich hin. „Er weiß doch, dass wir weiter müssen!". Elfin war besorgt. Nur um Haaresbreite waren beide am Abend den Nokks entkommen und verbrachten die ganze Nacht im Schutz eines alten, hohlen Baumstammes. Plötzlich war ein Rascheln und ein leises Knurrgeräusch zu hören. Elfin drehte sich um und blickte auf ein kleines pelziges Wesen mit rundem Körper, das sich auf sechs behaarten Beinen elegant vorwärtsbewegte. Zwei große Glubschaugen befanden sich oberhalb des Körpers und schauten Elfin freundlich an. Das Wesen verfügte über ein breites Maul, das eine beeindruckende Reihe von kleinen, aber scharfen Zähnen aufwies. Eine blaue Zunge wischte einmal um die Maulöffnung herum, als es sich setzte. „Albo! Da bist du ja! Wo warst du nur?". Das Wesen blinzelte und erwiderte in einem knurrenden Ton „Albo Essen suchen.". Elfin war froh, dass Albo wohlbehalten zurückgekehrt war und hatte sich nun wieder etwas beruhigt. Sie sagte „Und wo? Ist es weit weg? Viel Zeit haben wir nicht. Die Nokks haben die Suche bestimmt noch nicht aufgegeben." Albo gab Elfin ein Zeichen ihm zu folgen. Der Weg führte die beiden die Anhöhe hinunter durch das hüfthohe, grün transparent schimmernde Gras, direkt hinein in den dicht bewachsenen Wald. Die großen roten Blätterdächer der Baumriesen spendeten Schatten und färbten die Umgebung in ein sanftes dunkles Rosa. Nach einer Weile fragte Elfin „Ist es noch weit?". Albo drehte sich zu Elfin, gab einem kurzen knurrenden Bellton von sich und deutete auf eine kleine Lichtung, die sich vor ihnen eröffnete.

Als sie diese erreicht hatten, entdeckte Elfin eine Menge Blukosbüsche, deren Äste sich aufgrund der Fülle an Früchten, die sie trugen deutlich nach unten bogen. „Wie schön!", rief Elfin freudig und begann sofort, einige der reifen Früchte abzupflücken und genüsslich zu essen. Blukosfrüchte waren etwa handgroß und wiesen viele regenbogenfarbene Streifen auf. Je bunter sie waren, desto reifer waren die Früchte. Sie schmeckten süßlich und konnten bis auf den großen Kern in der Mitte komplett gegessen werden. Nachdem Elfin ihren Hunger gestillt hatte, setzte sie sich neben einen der Büsche und musterte die Umgebung. Etwas war seltsam. Ihre halbdurchsichtigen halmdicken Haaren nahmen eine vertraut wirkende, aber doch unbekannte Aura war und färbten sich in ein transparent leuchtendes Blau. Auf diese besondere Weise und mit dieser Farbe hatten ihre Haare noch nie reagiert.

Natürlich hatte sie schon viele verschiedene Auren mit ihren Haaren erfühlt, praktisch von jedem Lebewesen, dem sie bislang begegnet war, aber das hier war etwas ganz Neues, etwas das sie noch nie erfühlt hatte.

Elfin blickte sich um, konnte aber auf dem ersten Blick nichts Besonderes erkennen. Keine Lebewesen weit und breit die sie nicht kannte. Sie stand auf und beschloss der Quelle dieser Aura zu folgen. So ging sie bis zur Mitte der Lichtung, wo sie einen kleinen Hügel fand, der nicht mehr als einen halben Meter hoch war. Hier nahm sie die Aura am stärksten wahr. Albo war stets an ihrer Seite und hüpfte froh gelaunt auf und ab. „Albo, hier ist irgendetwas! Etwas was wir ergründen müssen. Hilf mir zu graben, damit wir sehen, was dieser Hügel verbirgt.". Albo verstand, und so entfernten Elfin und Albo erst das Gras und begannen dann, mit bloßen Händen und Füßen die Erde vom Hügel zu entfernen.

Sie arbeiteten etwa eine Stunde lang, als Elfin auf einmal ausrief „Da ist doch irgendetwas. Warte, ich schaufle noch etwas Erde zur Seite. ..So…Siehst du? Es ist ein Eingang, eine Luke eine Art rundes Tor. Jetzt liegt es frei. Wollen wir versuchen es zu öffnen, Albo?". Albo sprang aufgeregt hin und her und gab knurrende halb bellende Geräusche von sich. Elfin nahm dies als Bestätigung, weiter zu machen und untersuchte das runde Tor. Es gab keine offensichtliche Möglichkeit, es zu öffnen. Jedoch erkannte sie Gravuren darauf, die Bilder zeigten und beschrieben, das Tor mit den Haaren zu berühren, um so eine Verbindung aufzunehmen. Elfin fand dies etwas sonderbar, tat aber so wie angegeben. Sie senkte den Kopf und ließ ihre Haar nach unten fallen, so dass deren Spitzen das Tor berührten.

Plötzlich fing das Tor an, sich zur Seite zu schieben. Elfin und Albo sprangen erschrocken ein Stück zurück und starrten gespannt auf die nun immer größer werdende Öffnung. Ein blau pulsierender Lichtschimmer trat aus der Öffnung, aber sonst war nichts zu erkennen. „Was mag das wohl sein, Albo?", sagte Elfin und versuchte, etwas mehr zu erkennen. „Man kann nicht erkennen, wie tief es da runter geht. Wir brauchen ein Seil, ich möchte wissen, was es mit dem blauen Licht auf sich hat. Albo, du bist doch so schnell, kannst du zurück in den Wald laufen und ein paar der Lianen holen die wir auf dem Weg hierher gesehen haben? Bitte Albo.". Kaum hatte Elfin zu Ende gesprochen, sprintete Albo los. Während Albo unterwegs war, bewegte sich Elfin näher an den Rand des Eingangs und beugte sich soweit sie konnte nach unten, in der Hoffnung, auf diese Weise doch noch etwas zu erkennen. In diesem Moment gab die Erde nach und Elfin stürzte durch die Öffnung in die Tiefe.

Gut gemacht, Gnom. Dieses Buch ist absolut sinnlos, aber lustig.

Danke, Meister Roogle.

Hat euch das Buch gefallen, dann würde ich mich über eine positive Bewertung freuen.